Hans Roser

Zum Leben erlöst

Kasualgebete für
Taufe
Trauung
Beerdigung

Sonnenweg-Verlag

CIP-Kurztitelaufnahme der Deutschen Bibliothek

Roser, Hans:
Zum Leben erlöst: Kasualgebete für Taufe, Trauung, Beerdigung / Hans Roser. – Konstanz:
Sonnenweg-Verlag, 1982.
ISBN 3-7975-0274-5

© Sonnenweg-Verlag, D-7750 Konstanz. 1982.
Satz und Druck: Leibfarth + Schwarz, Grafischer Betrieb, 7433 Dettingen.
Buchbinderische Verarbeitung: Christl. Verlagsanstalt GmbH, Konstanz.
Ringbuch: Ströbel-Plastik, Filderstadt (Bonlanden).
Titelgrafik: Hans Hug, Stuttgart.

Inhalt:

Geleitwort

Die Gebetsanliegen bei Taufe, Trauung und Beerdigung sind durch die Zeiten gleich geblieben. Verändert hat sich jedoch unsere Sprache und sie ändert sich weiter.

Im gottesdienstlichen Gebet steht der Pfarrer als Sprecher der Gemeinde vor Gott. Er spricht aus, was die Gemeinde, die Eltern und Paten, die Brautpaare, die Trauernden empfinden: ihre Wünsche und Sorge, ihre Ängste und Hoffnungen.

Wie Jesus in der Bergpredigt sagt, weiß Gott, was wir brauchen, noch ehe wir ihn bitten (Mt. 6,8). Dennoch will Gott unser Gebet. Dabei ist es mehr als ein Akt der Barmherzigkeit, die Gebete so zu formulieren, daß sie auch verstanden werden. Sie soll sich ja nicht nur in den Gebeten wiederfinden, sondern vielmehr mitbeten und selbst beten können.

Eben dies ist das Anliegen des Verfassers dieser Sammlung von Kasualgebeten. Es ist ihm gelungen, ohne Verlust des Tiefgangs, in einer schlichten und verständlichen Sprache die Gebetsanliegen aufzunehmen. Wer die Gebete liest, mehr noch: wer sie durchbetet, der spürt, wie hier aus der lebensnahen Praxis in der Gemeinde für die Gemeinde gebetet wird.

München, im Juni 1982

D. Dr. Johannes Hanselmann
Landesbischof

Eine persönliche Vorbemerkung

Eineinhalb Jahrzehnte war ich nicht mehr im Gemeindedienst. Doch nun habe ich nach Übernahme eines Pfarramts wieder Woche für Woche Kinder zu taufen, junge Paare zu trauen, Beerdigungen zu halten. Es mag die lange Zeit gewesen sein, während der ich in anderen Bereichen tätig war – in einem kirchlichen Spezialamt zunächst, in der Politik sodann –, es mag aber auch der bewußtere Umgang mit der Sprache gewesen sein, den ich nach einer schweren gesundheitlichen Erschütterung zu lernen anfing, die es mir schwer machten, viele der Gebete nachzusprechen, die in unserer Agende vorgeschrieben sind, freilich nicht verbindlich: »Bei den Gebeten sind im Einzelfall aus besonderem Anlaß Abweichungen durch den amtierenden Pfarrer möglich«, heißt es in den Anweisungen zum Gebrauch der Agende III der VELKD aus dem Jahre 1964.

Im Gegensatz zu meiner Übung im Pfarramt, zwanzig Jahre vorher, fing ich an, nach Worten und Gedanken zu suchen, von denen ich meinte, daß sie die Anghörigen ein Stück weit mitnehmen könnten; schließlich sollten auch die der kirchlichen Handlung vorausgegangenen Gespräche nicht ohne Nachhall sein.

Erleichtert hat mir die Arbeit der Neuformulierung eines Gebetes die selbstauferlegte Verpflichtung, den Beteiligten die Tauf-, Trau- oder Beerdigungsansprache geschrieben zugehen zu lassen. Es ist meine Erfahrung, daß die Aussagen so nachhaltiger wirken. Diese Handhabung hat mir zum sorgfältigen Formulieren der Gedanken und zur immer wieder überdachten Wahl geholfen.

So sind die Kasualgebete entstanden, die ich nun auf den Weg bringe, von Kollegen ermutigt, die das Fehlen einer Sammlung dieser Art bedauern.

Unser Dienst muß – da hat Hanns Lilje recht – bewahrt bleiben vor »subjektivistischer Willkür« (Vorwort zu Agende III). Allerdings kann auch abstrakter Objektivität sehr viel Willkürliches anhaften, so daß sie unpersönlich und teilnahmslos wirken kann. Ohne Subjektivität kommt es nicht zur Verkündigung und erst recht nicht zum Gebet; und ohne den Willen zur gültigen Aussage bleibt beides ohne Belang.

Vielfach beobachte ich, daß die gottesdienstlichen Handlungen heute im liturgischen Teil intensiver vorbereitet werden, während man früher sich auf den Predigtteil beschränkte. Die das tun, mögen sich beim Vergleich mit meinem Beitrag ermutigt und bestärkt fühlen.

Diese kleine Sammlung soll nichts anderes sein als der Versuch, vor dem Taufbecken, am Traualtar und vor Trauergemeinden mit den Worten unserer Tage, in der Achtung und Verwertung der Erfahrungen der Väter, die Wahrheit des Evangeliums »zur Sprache« zu bringen und sprechen zu lassen.

Roth bei Nürnberg. Im Sommer 1982

Hans Roser
Pfarrer

Taufgebete

Herr Jesus Christus,
du willst uns Menschen auf deine Seite ziehen.
Du holst uns dort ab, wo wir sind.
Du verleihst uns Ewigkeit.

In der Taufe nimmst du uns an.
Du läßt uns dein Wort ausrichten:
Wir werden ewig sein, weil wir getauft sind.

Du läßt uns mit Wasser benetzen:
So erneuerst du uns.
Wir sind gerettet, weil wir getauft sind.

Gib uns die Gnade zum Glauben;
gib uns die Gnade,
diesen Glauben weiterzugeben
an die Kinder,
die du uns anvertraut hast.

Wir bitten dich für dieses Kind:
Halte es fest in dem Glauben an dich!
Laß es wachsen in der Gewißheit des Glaubens!
Segne den Weg seines Lebens!
Behüte, bewahre, beschütze es.
Führe es Schritt um Schritt näher zu dir!

Dir danken wir, dich loben wir.
Erhöre unser Gebet! Amen

Herr, Gott, himmlischer Vater,
wir danken dir,
daß du dich
um jeden einzelnen Menschen kümmerst,
auch wenn wir es nicht begreifen.

Wir danken dir,
daß du sichtbar die Gemeinschaft
mit dir schaffen möchtest,
damit wir das Ziel unseres Lebens
nicht aus dem Auge verlieren.

[handschriftlich: Familie]

Wir bitten dich für dieses Kind,
nimm es auf in deine Gemeinschaft
und erhalte es in ihr.

[handschriftlich: erhalte sie in ihrer Gemeinschaft und in der Gemeinschaft mit dir]

Dir danken wir, dich loben wir.
Erhöre unser Gebet! Amen

Taufgebete · Zum Eingang

Roser, Zum Leben erlöst · Sonnenweg-Verlag, 7750 Konstanz

Herr, himmlischer Vater, *wir heute*
nimm das Kind,
das ~~seine~~ Eltern heute zur Taufe bringen,
als dein Kind an.
Gib ihm Zutritt zu dir.
Öffne dich ihm,
und öffne es dir,
damit es glaubt
und ewig bei dir bleibt.

Wir beten zu dir,
Herr Gott, himmlischer Vater,
im Namen Jesu Christi,
durch die Kraft des Heiligen Geistes. Amen

Herr Jesu Christe,
wir bringen dieses Kind zu dir,
weil du versprochen hast,
daß derjenige Gemeinschaft mit dir hat,
der an dich glaubt und getauft ist.

Wir danken dir,
daß du uns Menschen bei dir haben willst,
auch das kleine Kind,
das heute getauft wird.

Nimm es in die Gemeinschaft mit dir auf,
sorge dafür, daß niemand
und nichts es aus deiner Nähe entfernt,
und schenke ihm den ganzen Segen
deines Sakraments.

Dir danken wir, dich loben wir.
Erhöre unser Gebet! Amen

Taufgebete · Zum Eingang

Roser, Zum Leben erlöst · Sonnenweg-Verlag, 7750 Konstanz

Gott, allmächtiger Herr,
wir danken dir,
daß du dich uns verbindest.
Wir danken dir für die heilige Taufe.
Sie macht sichtbar,
daß du unser Heil willst.

Du, himmlischer Vater,
hast Jesus Christus in die Welt gesandt,
die Menschen zu dir zu rufen.
Die heilige Taufe läßt uns seine Heilstat
und deinen Erlösungswillen erkennen.
Erfülle ihren Sinn an dem Kinde,
das wir heute zu dir bringen.

Du, ewiger Schöpfer,
hast uns deinen Geist verheißen.
Gib uns Kraft dazu,
auch diesem Kinde zum Engel zu werden,
der es schützt und ihm den Weg zeigt zu dir,
wo es seine Erfüllung
und Vollendung finden wird.

Allmächtiger Gott,
du bist Anfang und Ende der Zeit,
von Ewigkeit zu Ewigkeit. Amen

Herr Jesus Christus,
du sprichst uns nicht nur an,
du gehst auch auf uns zu,
du nimmst jeden einzelnen
von uns an:
du läßt uns sehen und das Kind fühlen,
daß du ihm nahe sein möchtest
und es bei dir bleiben kann.

Wir danken dir,
daß du uns
in deiner Nähe haben willst.
Wir danken dir,
daß du sichtbar und fühlbar
an uns handelst.
Wir danken dir
für das Sakrament der Taufe.

Wir bitten dich,
laß an den Kindern,
die heute die heilige Taufe empfangen,
wahr werden, was du verheißen hast:
daß du suchst und rettest,
was ohne dich keine Erfüllung fände.

Mache die Eltern und Paten fähig,
verantwortungsbewußt und mutig,
ihren Kindern zu bekennen,
daß sie in dir den großen Helfer
und Erfüller ihres Lebens sehen. Amen

Taufgebete · Zum Eingang

Roser, Zum Leben erlöst · Sonnenweg-Verlag, 7750 Konstanz

Herr Jesus Christus,
du willst schon die Kinder
in deiner Gemeinschaft haben.
Wir danken dir,
daß du dich der Kleinen
und Unscheinbaren annimmst.
Wir bitten dich,
behalte dieses Kind
in deiner Gemeinschaft.
Gib den Eltern die richtigen
Gedanken zur Erziehung!
Wir verlassen uns auf deinen Beistand.
Wir verlassen uns auf deine Kraft,
ewig bei dir zu bergen,
was hier nur zeitlichen Bestand hat.
Deshalb bitten wir dich
um die Gnade des Glaubens
auch in dieser Stunde
und um die Fähigkeit,
ihn weiterzugeben an unsere Kinder
und an unsere Umgebung. Amen

Taufgebete · Zum Eingang

Herr, wir vertrauen auf dich.
Wir legen dir das Kind nahe,
das heute getauft wird: *wir heute getauft haben*

Begleite es auf seinem Lebensweg
mit deinem Licht.
Erleuchte es!

Hilf den Eltern,
daß sie es dankbar,
liebevoll und geduldig erziehen.
Erleuchte sie!

Mache ihnen Mut,
sich zu dir zu bekennen
und so den Kindern den Weg zu dir zu weisen.
Erleuchte sie!

Gib den Paten
Verantwortungsbewußtsein für ihre Aufgabe.
Erleuchte sie!

Schicke deinen Heiligen Geist,
damit unsere Gemeinde ein Ort ist,
an dem der Glaube an dich wächst,
auch der Glaube des Getauften.
Erleuchte uns! Amen

Taufgebete · Zum Eingang

Roser, Zum Leben erlöst · Sonnenweg-Verlag, 7750 Konstanz

Segne unser Kind,
daß es dich sieht mit eigenen Augen,
daß es dich hört mit eigenen Ohren,
daß es dich bekennt mit seinem Mund.

Segne unser Kind,
daß es zu dir kommt auf eigenen Beinen,
daß es dich faßt mit eigenen Händen,
daß es dich sucht mit ganzem Willen.

Segne unser Kind,
daß es dich ahnt mit seinem Verstand
und dich erlebt mit allen Sinnen
und an dich glaubt von ganzem Herzen.

Segne unser Kind,
daß es zum Segen werde. Amen

Hilf, Herr, daß wir unserem Kinde helfen,
mit eigenen Augen zu sehen
die Schönheiten, die du geschaffen,
den Glanz, der von dir kommt.

Hilf, Herr, daß wir unserem Kinde helfen,
mit eigenen Ohren zu hören
das Wort, das du uns zugesprochen,
die Wahrheit, die von dir kommt.

Hilf, Herr, daß wir unserem Kinde helfen,
mit eigenem Munde zu sprechen
die Sprache, die man hier versteht
und das Bekenntnis, Herr, zu dir.

Hilf, Herr, daß wir unserem Kinde helfen,
mit eigenen Händen zu fassen
die Gaben, die du ihm bereitet,
das Brot und den Kelch, die du gestiftet.

Hilf, Herr, daß wir unserem Kinde helfen,
auf eigenen Beinen zu gehen
die Wege, die du es geleitest,
den Weg, der endlich führt zu dir.

Hilf, Herr, daß wir unserem Kinde helfen,
mit eigenem Verstand zu sinnen
über das Wunder, daß du da bist
und aller Glaube von dir kommt.

Hilf, Herr, daß wir unserem Kinde helfen,
mit eigenen Sinnen zu erleben
den Reichtum, den du schenkst,
und dankbar dafür werde. Amen

Taufgebete · Eltern und Paten

Roser, Zum Leben erlöst · Sonnenweg-Verlag, 7750 Konstanz

Herr Jesus Christus,
wir kommen zu dir mit diesem Kind
und bitten dich:

Hilf uns bei der Aufgabe der Erziehung.
Wir werden manche Fehler machen –
korrigiere sie.
Wir sind manchmal ungeduldig
und unduldsam –
sei du barmherzig.
Wir schauen oft an dir vorbei –
öffne uns die Augen für dich,
damit wir unserem Kinde helfen, dich zu sehen.

Herr Jesus Christus,
wir leben von deiner Gnade.
Sorge dafür, daß wir auch
aus deiner Gnade leben heute und in Zukunft.
Und hilf, daß wir mit unserem Kind
uns deiner Gnade anvertrauen,
damit es lernt,
sich selber dir anzuvertrauen.

Heute, in der Taufe,
nimmst du dieses Kind sichtbar an.
Halte es bei dir fest
und uns mit ihm!

Sei und bleibe gegenwärtig
in deinem Heiligen Geist. Amen

Herr Gott, himmlischer Vater,
uns hast du die Kinder anvertraut;
doch dir gehören sie.
Gib uns die Fähigkeit,
sie im Sinne deines Sohnes zu erziehen.

Du hast uns Kinder gegeben,
damit wir nicht allein sind;
Gemeinschaft sollen wir haben.
Gib uns die Kraft,
Vertrauen zu wecken,
Vertrauen zu schenken.

Du erwartest,
daß wir unsere Kinder einführen ins Leben;
sie sollen lernen, selber zu gehen.
Begleite uns und sie, damit sie
auf dich zugehen – und wir mit ihnen.

Wenn sie fragen, hilf uns antworten;
wenn sie uns erzürnen,
laß uns die Geduld nicht verlieren.
Wenn sie unbequem werden, dann laß uns
nicht feige und nicht bequem sein.

Gib uns Kraft und Mut und Ausdauer,
ihnen zu sagen, was wahr ist,
ihnen abzuverlangen, was schwer fällt,
ihnen abzunehmen, was nötig ist,
ihnen zuzusprechen, was ihnen Mut macht:
Deine Liebe,
deinen Segen,
deine rettende Gnade. Amen

Taufgebete · Eltern und Paten

Roser, Zum Leben erlöst · Sonnenweg-Verlag, 7750 Konstanz

Dir gehört, o Herr,
was wir im Leben haben.
Du hast es uns anvertraut.

Vor dich bringen wir,
womit du uns beschenkt hast.
Dir möchten wir danken.

Deinen Segen erbitten wir
für dieses Kind.

Wir erleben Freude und Gemeinschaft
und Glück an ihm.
Wir danken dir dafür.

Wir möchten der Erwartung gerecht werden,
die an uns gestellt ist.
Hilf uns dabei,
daß wir als Eltern nicht versagen
und daß wir als Paten da sind,
wenn wir gebraucht werden.

Wir möchten unserem Kind
den Weg ins Leben erleichtern.
Mache den Weg hell,
den wir mit unseren Kindern gehen –
und solange wir mit ihnen gehen können.

Herr, erleuchte uns,
damit wir dein Licht
weitergeben können. Amen

Taufgebete · Eltern und Paten

Lieber Vater im Himmel,
du hast uns als Eltern und Paten
diese Kinder anvertraut,
die heute die heilige Taufe empfangen.
Du nimmst sie unter deinen Schutz.

Wir danken dir,
daß du sie und uns nicht allein läßt.
Und wir bitten dich:
Mache diese Kinder in ihrem Leben gewiß,
daß du sie kennst,
daß du sie annimmst,
daß du sie anerkennst,
daß du sie aufnimmst,
vor allem, wenn sie sich verlassen fühlen.

Wir bitten dich:
Hilf uns, daß wir als Eltern
unseren Kindern gute Partner werden,
von denen sie lernen können
und die von ihnen lernen.
Hilf uns, daß wir die Aufgabe lösen,
unsere Kinder im Glauben dir zuzuführen,
damit sie wissen:
Du bist ihr Herr.
Dir gehören sie.
Du willst sie haben.
Du bewahrst sie.
Du kennst sie.
Bei dir sind sie geborgen. Amen

Taufgebete · Eltern und Paten

Roser, Zum Leben erlöst · Sonnenweg-Verlag, 7750 Konstanz

Herr Gott, himmlischer Vater,
der Kreis unserer Familie
ist größer geworden.
Ein neuer Mensch ist dazugekommen.

Wir bitten dich
um die richtige Haltung,
diesem Menschen gerecht zu werden.

Wir bitten dich
um die Kraft der Zuwendung
und die Ausdauer zur Erziehung.

Hilf, daß wir dem Kinde geben,
was es braucht,
daß wir ihm nicht schuldig bleiben,
was das Wichtigste ist
für seine Zukunft.

Hilf, daß wir teilen mit ihm,
was wir haben
und uns ihm mitteilen,
so wie wir sind.

Vor allem, Herr,
schenke ihm ein Leben,
das seinen Sinn
und seine Erfüllung findet bei dir. Amen

Lieber Vater im Himmel,
wir danken dir,
daß du deinen Sohn
auch zu den Kindern geschickt hast.
Wir danken dir,
daß dir schon die Kinder
so wichtig und so viel wert sind.

Wir bitten dich:
Hilf uns,
daß wir uns durch niemand
von dir abbringen lassen.

Wir bitten dich:
Hilf uns,
daß wir niemand von dir abhalten.

Wir bitten dich:
Rufe uns zu dir,
unüberhörbar und unaufhörlich.
Laß Wirklichkeit werden,
was durch die Taufe uns verheißen ist:
Ewige Gemeinschaft mit dir –
für die Kinder und für uns. Amen

Taufgebete · Eltern und Paten

Roser, Zum Leben erlöst · Sonnenweg-Verlag, 7750 Konstanz

Herr Gott,
lenke den Weg des Kindes,
das wir heute getauft haben,
damit es dir immer näher kommt
und es dich in seiner Nähe haben will.

Laß alle Führungen seines Lebens
ihm zum Segen werden,
damit von ihm Segen ausgeht.

Festige es im Glauben,
in der Erkenntnis deiner Gnade.

Erhalte es in der Gemeinschaft
der Gläubigen.

Laß Eltern und Kind
viel Freude aneinander erleben.
Befähige sie zur Partnerschaft,
wie du uns zu Partnern bestimmt hast
mit dir und untereinander. Amen

Herr Gott, du hast uns Menschen
zur Gemeinschaft mit dir bestimmt.

Wir bitten dich
um die Gnade des Glaubens
für uns und für die Kinder,
die heute zu dir gebracht werden.

Führe sie so in ihrem Leben,
daß sie mit dir Gemeinschaft haben;
daß sie in deine Gemeinde fest hineinwachsen
und einst in ihr vollendet werden.

Wir danken dir,
daß du Ja sagst
zu jedem einzelnen von uns.

Wir danken dir,
daß du Gemeinschaft willst mit uns.
Wir danken dir für deine Kirche,
die uns in die Gemeinschaft mit dir führt
und uns festhält.

Wir bitten dich für unsere Kirche,
daß sie deine Gemeinde bleibe
bis in Ewigkeit,
uns zum Heil,
insbesondere den Kindern,
die wir heute taufen. Amen

Taufgebete · Zum Schluß

Roser, Zum Leben erlöst · Sonnenweg-Verlag, 7750 Konstanz

Herr, unser Gott,
wir bitten dich:
Erhöre unser Gebet.

Du hast dieses Kind
als dein Eigentum angenommen.
Damit hast du uns Verantwortung übertragen –
für seinen Glauben,
seine Bildung, seine Gesundheit.
Es fällt uns schwer,
dieser Verantwortung gerecht zu werden.
Gib uns Geduld
und gute Einfälle
für die Aufgabe der Erziehung.

Leite dieses Kind,
damit es die Freiheit erlangt,
die du ihm schenken willst:
die Freiheit von der Ichsucht
und von der Macht des Bösen,
die Freiheit für den anderen,
die Freiheit zur Liebe.

Gib ihm die Freiheit,
deiner Gnade gewiß zu sein
und in ihr zu leben. Amen

Herr Gott, himmlischer Vater,
wir danken dir,
daß unsere Liebe zueinander
ein Vorbild hat
in deiner großen Liebe zu uns.

Wir bitten dich:
Übertrage sie auch auf dieses Kind,
das wir dir heute
in der Taufe anvertraut haben,
und das du anzunehmen versprochen hast.

Wende den Eltern deine Liebe zu,
damit sie ihre Aufgabe als Erzieher wahrnehmen
durch die Erfahrung deiner Liebe,
so daß ihre Zuwendung
aus deiner Zuwendung kommt
und ihre Erziehung zu dir hinlenkt. Amen

Taufgebete · Zum Schluß

Roser, Zum Leben erlöst · Sonnenweg-Verlag, 7750 Konstanz

Herr Gott, himmlischer Vater,
wir taufen dieses Kind
am Tag des Gedenkens an die Geburt deines
Sohnes Jesus Christus.

Du hast Menschengestalt angenommen,
die Gestalt eines Kindes.
Nimm dieses Kind auch an.

Du hast Gemeinschaft gesucht mit den Menschen,
indem du dich eingelassen hast
in unsere Menschlichkeit.
Senke dich in dieses Kind
mit der Kraft deines Geistes,
daß es bleibe in der Gemeinschaft mit dir,
daß es Trost finde durch dich,
daß es seinen Weg finde zu dir. Amen

Herr Jesus Christus,
wir taufen dieses Kind
am Tag des Gedenkens deiner Auferstehung.
Du bist zur ewigen Gemeinschaft
mit Gott zurückgekehrt.
Führe dieses Kind den Weg
zum ewigen Leben
mit dem himmlischen Vater.

Laß uns nicht vergessen
und laß dieses Kind lernen:
Wer nur aus dieser Welt hervorgeht
und nur in sie hineingeboren wird,
wird wieder vergehen.
Wer aber aus deinem Geiste
neu geboren wird,
ist bei dir,
dem Auferstandenen,
ewig geborgen.
Wir danken dir für diese Hoffnung.
Wir bitten dich um die Gnade
eigenen Glaubens und um die Gnade,
diesen Glauben weiterzugeben an diejenigen,
die uns anvertraut sind,
unsere Kinder und unsere Nächsten. Amen

Taufgebete · Im Kirchenjahr

Roser, Zum Leben erlöst · Sonnenweg-Verlag, 7750 Konstanz

Herr Gott, himmlischer Vater,
wir taufen dieses Kind
am Tag des Gedenkens der Ausgießung
deines Heiligen Geistes.

Du hast das Wunder getan,
Menschen mit deinem Geist zu erfüllen.
Tu es auch an diesem Kind!

Du hast Menschen dazu gebracht,
auf dich zu hören und dich zu verkündigen.
Bring auch dieses Kind dazu.

Du hast den Menschen
eine neue Gemeinschaft gestiftet
mit dir und untereinander.
Laß dieses Kind,
das heute aufgenommen wird in diese Gemeinschaft,
zu einem Gliede werden,
das in ihr lebt,
hier und in Ewigkeit. Amen

Das Licht, das du uns schickst,
leuchtet in die Ewigkeit,
allmächtiger Schöpfer.
Laß das Licht der Kerze,
die wir diesem Kinde mitgeben,
Hinweis sein auf dich!

Das Licht, das du mit Jesus Christus
hast aufleuchten lassen,
rettet uns zur Ewigkeit.
Laß das Licht der Kerze,
die wir diesem Kinde mitgeben,
Hoffnung weitergeben auf dich!

Das Licht, das dein Heiliger Geist
zum Leuchten bringt,
verbindet uns mit deiner Ewigkeit.
Laß das Licht der Kerze,
die wir diesem Kinde mitgeben,
Gemeinschaft bewirken mit dir! Amen

Taufgebete

Roser, Zum Leben erlöst · Sonnenweg-Verlag, 7750 Konstanz

Alle Helligkeit kommt von dir,
Herr des Lichtes.
Leuchte dem Kinde mit dem Licht deines Wortes!

Alle Helligkeit kommt von dir,
Schöpfer der Sonne.
Wärme das Kind mit dem Licht deines Evangeliums!

Alle Helligkeit kommt von dir,
Vater Jesu Christi.
Öffne das Kind dem Licht der Gemeinschaft
deines Sohnes!

Alle Helligkeit kommt von dir,
gegenwärtiger Gott.
Strahle es an mit dem Lichte der Erkenntnis
in deinem Geiste. Amen

Taufgebete

Wir bringen, Gott, dies Kind zu dir,
schließe ihm auf des Himmels Tür.
Auf deinen Namen wird's getauft;
du hast's mit Christi Blut erkauft.

Wir bringen's dir, Herr Jesu Christ,
daß du sein Herr und Vorbild bist.
Laß es in deiner Gnade ruhn
und gerne deinen Willen tun.

Wir bringen's dir, o heilger Geist,
der du zum Sohn und Vater weist;
erschließe ihm dein wahres Wort
und mach es selig hier und dort.

(zu singen nach der Melodie: EKG 126
»Herr Jesu Christ, dich zu uns wend'...«)

Roser, Zum Leben erlöst · Sonnenweg-Verlag, 7750 Konstanz

Traugebete

Herr Gott, himmlischer Vater,
wir treten vor dich im Gebet,
um dir zu danken dafür,
daß wir einander begegnet sind.
Du hast uns so geführt,
daß wir uns gefunden haben.

Wir bitten dich,
gehe mit uns auf unserem gemeinsamen Weg!
Richte es so ein,
daß wir immer wieder deinem Sohn begegnen
und so lernen,
in seinem Geiste miteinander umzugehen,
damit wir an ihm erkennen,
was zu unserem Besten dient.

Wir loben deine Allmacht,
Schöpfer allen Lebens.
Laß unser gemeinsames Leben
zu deinem Lob gelingen!

Wir preisen deine Hingabe an uns Menschen,
Herr Jesus Christus.
Laß unser gemeinsames Leben
in der Nachfolge Jesu geschehen!

Wir hoffen auf deinen Geist,
gegenwärtiger Herr.
Erfülle unser Denken und Tun
mit der Gesinnung,
die nur von dir ausgeht! Amen

Roser, Zum Leben erlöst · Sonnenweg-Verlag, 7750 Konstanz

Himmlischer Vater,
wir danken dir,
daß wir einander gefunden haben.

Behüte uns miteinander,
bewahre uns füreinander
und auch voreinander,
beschütze uns auf unseren gemeinsamen Wegen
und befähige uns,
daß wir einander ein Schutz sind.

Wende dich uns zu,
laß uns nicht los –
und hilf,
daß wir einander nicht loslassen.

Sei uns gnädig,
gib dich uns zu erkennen.
Vergib uns,
was uns von dir trennt.
Befähige uns,
einander zu vergeben,
jeden Tag und jeden Abend
einander anzuerkennen,
gemeinsam unter deiner Gnade zu leben.

Gott Vater, dir danken wir;
Herr Christe, deinetwegen glauben wir;
Heiliger Geist, auf dich hoffen wir. Amen

Gebete des Brautpaares

Herr,
als Brautleute danken wir dir,
daß wir einander gefunden haben.
Wir danken dir,
daß wir unser Leben
nun zu zweit führen können.
Wir bitten dich:
mache uns aufmerksam,
daß wir aufeinander hören,
mache uns willig,
daß wir einander folgen,
mache uns wahrhaftig,
daß wir einander vertrauen,
mache uns geschickt,
daß eins das andere
mit sich zu dir bringe.

Als Eltern, Verwandte, Bekannte, Freunde
und als Gemeinde bitten wir dich:
Hilf den beiden,
füge sie immer enger zusammen
und öffne sie für die Gemeinschaft,
in der sie leben;
befähige die beiden, einander zu vergeben,
indem du sie die Kraft der Vergebung
durch deinen Sohn erleben läßt;
segne die beiden
mit dem Glück einer Familie,
und laß sie zum Segen werden –
an einander,
an ihren Kindern,
an ihren Freunden und Verwandten,
in und an deiner Gemeinde. Amen

Gebete des Brautpaares

Roser, Zum Leben erlöst · Sonnenweg-Verlag, 7750 Konstanz

Allmächtiger Gott, himmlischer Vater,
zwei junge Leute
möchten ihren Weg gemeinsam gehen:
Gehe mit ihnen!

Zwei junge Leute
vertrauen einander an, was sie haben.
Mache sie vertrauenswürdig
durch die Erfahrung deiner Treue. Gehe mit ihnen!

Zwei junge Leute
erhoffen sich Glück und Geborgenheit.
Umgib sie mit deinem guten Geist.
Gehe mit ihnen!

Zwei junge Leute
wagen ein gemeinsames Leben.
Befähige sie dazu,
einander zu vergeben und zu vertrauen.
Gehe mit ihnen!

Zwei junge Leute
möchten ihren Weg gemeinsam gehen.
Schicke ihnen Menschen auf den Weg,
die mit ihnen gehen.
Mache sie bereit, mit anderen zu gehen.
Erhalte sie in der Gemeinschaft
deiner Gemeinde.
Gehe mit ihnen! Amen

Herr Gott, himmlischer Vater,
wir bitten dich
um deinen Segen
für das gemeinsame Leben
dieses Brautpaares.

Hilf den beiden,
daß sie die Spuren finden,
die zum Glück
und zur Seligkeit führen.

Lenke sie auf den Weg
deines Sohnes Jesu Christi,
damit sie ihm nachfolgen.
Laß den Glauben wachsen in ihren Herzen,
damit sie füreinander da sein werden.

Schließe ihre Herzen auf,
damit sie hören auf dich
und aufeinander.

Wir danken dir,
daß du uns erhören willst! Amen

Traugebete · Zum Eingang

Roser, Zum Leben erlöst · Sonnenweg-Verlag, 7750 Konstanz

Erhöre unser Gebet, o Gott,
und segne dieses Brautpaar,
das sich heute vor dir
und dieser Gemeinde
den Segen für seine
eheliche Gemeinschaft erbittet.

Gib, daß die beiden dir dienen
in Liebe und Treue.
Um Jesu Christi willen,
unseres Herrn. Amen

Allmächtiger Gott,
du möchtest den Menschen helfen,
daß sie glücklich werden
in der Gemeinschaft mit dir.

Wir bitten dich:
hülle dieses Brautpaar ein
in dein Licht,
erleuchte es mit der Erkenntnis
deines Willens,
erfülle es mit der Kraft der Liebe,
die nicht das eigene,
sondern die das Glück des Partners sucht.
Ziehe die beiden in die Gemeinschaft
mit dir und halte sie darinnen fest. Amen

Herr Gott, himmlischer Vater,
du hast die Menschen als Partner geschaffen;
in der Ehe sollen sie die engste
menschliche Gemeinschaft erleben.

Wir bitten, daß diesem jungen Paar,
das heute hier vor dir steht,
der Anfang gelingt
zu lebenslanger glücklicher Gemeinschaft.
Hilf den beiden dabei.

Richte ihr Denken aus auf dich,
damit sie lernen,
zuzugehen aufeinander.
Geleite sie!
Laß sie nicht allein!
Überlasse sie nicht sich selbst!

Halte zusammen,
was du zusammengeführt hast!
Sorge dafür,
daß sie offen bleiben für dich,
daß sie offen bleiben für einander,
daß sie offen bleiben für ihre Nächsten.

Herr Christus, Sohn unseres Schöpfers,
sei das segnende Vorbild des jungen Paares.
Allmächtiger Gott,
Vater und Sohn,
schenke den beiden deinen Geist,
der sie bei dir hält und beieinander. Amen

Traugebete · Zum Eingang

Roser, Zum Leben erlöst · Sonnenweg-Verlag, 7750 Konstanz

Herr Gott, himmlischer Vater,
dir liegt am Glück und
an der Seligkeit der Menschen,
die du geschaffen
und einander in Partnerschaft
zugeordnet hast.

Dein Sohn, Jesus Christus,
ist Beweis deiner Treue
zu deiner Gemeinde.

Durch deinen Heiligen Geist
lädst du uns immer wieder ein
zu dir.

Wir bitten dich für das Brautpaar,
das deinen Segen sucht:

Schenke ihm eine glückliche
Gemeinschaft voll Vertrauen,
in der Kraft der Treue,
im gegenseitigen Respekt,
mit der Fähigkeit zur Vergebung,
eingebunden in die Gnade des Glaubens,
erfüllt von Liebe,
willens weiterzugeben,
was sie empfangen haben,
vor allem die Erfahrung
deiner freundlichen Zuwendung.

Erhelle den Lebensweg der beiden,
damit von ihnen Helligkeit ausstrahle
auf ihre Umgebung. Amen

Traugebete · Zum Eingang

Herr Gott, himmlischer Vater,
wir danken dir,
daß du uns die Wege
unseres Lebens nicht allein gehen läßt,
sondern daß du mit uns gehst,
und daß du Gemeinschaft
unter uns gestiftet hast.
Wir danken dir vor allem
für die Gemeinschaft
in Ehe und Familie.

Wir bitten dich für das Brautpaar,
das sich zu dir bekennt
und deinen Segen wünscht:

Laß es die Gnade
deiner Zuwendung erfahren,
damit eins dem anderen sich zuwende.

Laß es das Glück deiner Treue erleben,
damit eins dem anderen vertraue.

Laß es die Gewißheit
des Glaubens finden,
damit ihr Leben in dir sich erfülle. Amen

Traugebete · Zum Eingang

Roser, Zum Leben erlöst · Sonnenweg-Verlag, 7750 Konstanz

Herr Gott, himmlischer Vater,
wir danken dir,
daß wir unseren Weg nicht allein gehen müssen,
sondern daß du mit uns gehen willst.

Dieses Brautpaar
ist zur Kirche gekommen,
um dein gutes Geleit zu erbitten.
Wir beten für sie und mit ihnen:

Segne sie!
Begleite sie!
Führe sie zusammen!
Halte sie zusammen!
Wirke an ihnen,
daß sie so umgehen miteinander,
wie du es haben willst!
In deinem Geist,
in der Gesinnung deines Sohnes,
unter deiner segnenden Gnade. Amen

Vor dich, Herr, den allwissenden Gott,
sind diese beiden Brautleute getreten.

Wir bitten dich,
schenke ihnen deinen dauerhaften Segen,
präge ihnen ihr Versprechen tief ein,
führe sie immer näher zueinander,
befähige sie zu Treue und Vergebung
durch Christus,
deinen Sohn,
unseren Herrn. Amen

Herr Gott, himmlischer Vater,
du hast den Menschen die Möglichkeit gegeben,
in der Gemeinschaft der Familie zu leben
und eine Ehe zu führen.
Hilf ihnen, daß sie lernen:

Ihre Zeit zu teilen,
damit sie Zeit haben füreinander.

Ihre Freude zu teilen,
damit sie Freude erleben.

Sich mitzuteilen, –
einander und dir –,
damit sie nicht einsam sind.

Nicht zu vergessen, miteinander zu teilen,
damit keins vergessen werde. Amen

Traugebete · Fürbittegebete

Roser, Zum Leben erlöst · Sonnenweg-Verlag, 7750 Konstanz

Herr Gott,
schenke den beiden,
die heute um dein Geleit bitten,
daß sie einander immer näher kommen
und in deiner Nähe bleiben.

Herr Gott, Vater Jesu Christi,
du willst unser Leben vollenden.
Du hast Christus in die Welt gesandt,
damit er uns den Weg zu dir zeige.
Schenke den beiden Brautleuten,
daß sie ihren Weg mit Christus gehen
und denen, die ihnen anvertraut werden,
diesen Weg zu dir zeigen.

Herr Gott,
halte diese beiden jungen Leute
lebenslang zusammen
in der Kraft deines Heiligen Geistes,
des Friedens, der Fürsorge
und der Verantwortung füreinander. Amen

Traugebete · Fürbittegebete

Herr Gott, Schöpfer der Welt
und der Menschen:
Du bist das große Du,
dem wir unsere Würde danken.
Du hast uns zur Partnerschaft bestimmt.

Wir bitten dich:
Hilf den beiden Menschen,
die heute um deinen Segen bitten,
daß sie miteinander das Glück
der von dir gewollten Gemeinschaft erleben;
daß eins dem anderen helfe;
daß eins das andere führe;
daß eins für das andere einstehe.

Wir bitten dich,
als Angehörige und Gäste:
Öffne uns füreinander zur Anteilnahme,
halte uns zusammen,
damit wir als große Gemeinschaft
diese beiden umgeben,
die sich für ihre Zukunft
zusammengetan haben.

Wir bitten dich
um Jesu Christi, deines Sohnes,
unseres Helfers und Heilandes willen.
Wir bitten dich
um die Kraft deines Heiligen Geistes. Amen

Traugebete · Fürbittegebete

Roser, Zum Leben erlöst · Sonnenweg-Verlag, 7750 Konstanz

Herr Gott, himmlischer Vater,
diese beiden jungen Leute
sind zur Kirche gekommen,
um dein gutes Geleit
für ihr gemeinsames Leben
zu erbitten.

Sie haben einander gefunden,
sie wollen beieinander bleiben.
Segne ihr Versprechen.
Sei und bleibe bei ihnen!

Du hast die Welt wunderbar geschaffen,
du bewahrst sie trotz aller Zerstörung,
die von Menschen ausgeht.
Erfülle das gemeinsame Leben
der beiden mit gutem Willen,
mit guter Gesinnung,
mit der Bereitschaft zur Vergebung,
mit der Kraft zur Versöhnung,
mit der Zuversicht des Glaubens,
der immer wieder auf dich zugeht –
und dabei auch den andern neu entdeckt.

Wir bitten dich
um Jesu Christi willen,
der uns deine Liebe erwiesen hat. Amen

Herr Gott, himmlischer Vater!
Wir beten zu dir für dieses junge Paar,
das deine Begleitung und deinen Segen sucht:

Hilf den beiden, daß eins dem andern gehöre,
eins dem andern vertraue,
eins dem andern treu sei –
und daß sie in dem allem
dir gehören, dir vertrauen, dir treu sind.
Denn du bist ihnen treu.

Hilf ihnen,
daß sie aneinander Halt finden,
daß eins des andern Bestes sucht,
und daß sie gemeinsam
in dir ihren Halt haben.
Denn du willst sie halten.

Mache sie gewiß,
daß du sie geleitest
und sie auch den Menschen in ihrer Umgebung
gutes Geleit geben. Amen

Traugebete · Fürbittegebete

Roser, Zum Leben erlöst · Sonnenweg-Verlag, 7750 Konstanz

Herr und Gott,
Schöpfer der Welt,
du hast den Menschen
als Mann und als Frau erschaffen.

Als Eltern, Verwandte,
Freunde, Bekannte
bitten wir dich für dieses Paar:
Hilf den beiden dazu,
daß sie einander immer besser kennen
und verstehen lernen.
Laß sie das Glück
der Ehe erleben.
Schenke ihnen die Gnade,
einander vertrauen zu können
und einander treu zu sein.
Wir bitten dich:
Erhöre uns. Amen

Herr Jesus Christus,
Sohn des allmächtigen Vaters:

Die beiden jungen Leute,
die heute mit ihren Familien,
Freunden und Verwandten
zu diesem Hochzeitsgottesdienst
gekommen sind,
bitten dich um dein gutes Geleit.

Gehe ihnen voran!
Gehe mit ihnen!

Gib ihnen deinen Geist!
Lehre sie handeln in deiner Gesinnung!

Hilf ihnen,
daß sie immer besser lernen,
verständnisvoll miteinander umzugehen,
sich gegenseitig anzuerkennen
und als deine Gabe zu erleben,
was sie einander an Gutem schenken können.

Du bist das Licht des Lebens –
leuchte den beiden auf ihrem gemeinsamen Weg!

Du bist die Krone des Lebens –
du hast dich uns anvertraut,
denn du vertraust uns.
Laß aus dem Vertrauen zu dir
Vertrauen der beiden zueinander erwachsen. Amen

Traugebete · Fürbittegebete

Roser, Zum Leben erlöst · Sonnenweg-Verlag, 7750 Konstanz

Herr Gott, himmlischer Vater,
wir bitten dich:
Mache wahr, was du versprochen hast,
auch an den beiden jungen Leuten,
die heute in die Kirche gekommen sind,
um deinen Segen zu erbitten.

Du machst alle,
die dich lieben,
leuchtend, wärmend,
voll Hoffnung wie die aufgehende Sonne.

Laß die beiden leben in deinem Licht.
Laß die beiden einander Liebe,
Wärme, Zuneigung schenken.
Laß von den beiden
die Kraft des Glückes
ausstrahlen auf ihre Umgebung.

Laß sie Zeugen deiner Liebe sein. Amen

Herr Gott, himmlischer Vater,
wir danken dir,
daß du uns Menschen
die Wege unseres Lebens
nicht allein gehen läßt.
Wir danken dir vor allem
für die Gemeinschaft
in Ehe und Familie.

Wir bitten dich für das Brautpaar,
das sich zu dir bekennt
und deinen Segen erbittet:

Laß es die Gnade deiner Zuwendung erfahren,
damit einer dem anderen sich zuwendet.

Laß es das Glück deiner Treue erleben,
damit einer dem anderen vertraue.

Laß es die Gewißheit des Glaubens finden,
damit ihr Leben in dir sich erfülle. Amen

Traugebete · Fürbittegebete

Roser, Zum Leben erlöst · Sonnenweg-Verlag, 7750 Konstanz

Herr, allmächtiger Gott,
du willst die Menschen segnen,
die du geschaffen hast.
Wende dich den beiden zu,
die heute um deinen Segen bitten.
Gib ihnen dein gutes Geleit.
Erfülle ihren Wunsch
nach einer Gemeinschaft miteinander,
die dauerhaft und glücklich ist.

Allmächtiger Herr,
sei den beiden das gemeinsame Ziel,
auf das sie sich ausrichten.
Sei ihnen der allmächtige Vater,
von dem sie sich begleiten lassen.
Sei ihnen der gegenwärtige Herr,
den sie immer näher kennenlernen,
indem sie auf Jesus Christus achten,
deinen Sohn, unser Heil. Amen

Vater im Himmel!
Wir danken dir,
daß du uns nicht allein läßt,
sondern zur Partnerschaft bestimmt hast.
Du hast diese Eheleute
einander finden lassen.
Sie haben sich einander versprochen.
Sie wollen füreinander da sein,
wie du es willst.
Bleibe du bei ihnen.
Erhalte ihnen die Gewißheit,
daß du ihr Herr bist.

Laß alle,
denen du bestimmt hast,
in einer Ehe zu leben
und eine Familie zu haben,
einander empfangen als Gabe
und Aufgabe aus deiner Hand. Amen

Traugebete · Zum Schluß

Roser, Zum Leben erlöst · Sonnenweg-Verlag, 7750 Konstanz

Allmächtiger Gott,
Schöpfer der Welt
und der Menschen,
du hast uns Menschen
zur Ehe geschaffen.

Wir danken dir
für die Erfahrung von Gemeinschaft,
Partnerschaft, Liebe.

Wir bitten dich,
hilf uns, daß wir lernen,
füreinander da zu sein.
Befähige uns zur Treue.
Gib uns die Gesinnung der Verantwortung,
der Aufmerksamkeit und
der Aufrichtigkeit.
Verleihe uns die Fähigkeit, zu vergeben.

Vater im Himmel, sei mit dem Brautpaar,
das heute hier ist,
sich deinen Segen zusprechen zu lassen,
um Jesu Christi willen
in der Kraft des Heiligen Geistes. Amen

Traugebete · Zum Schluß

Allmächtiger Gott,
himmlischer Vater.
Du hast die Ehe gestiftet.
Wir bitten dich um deinen Segen
für die Ehe,
zu der wir als Brautpaar
uns zusammengeschlossen haben.

Du willst haben,
daß Mann und Frau in der Ehe eins werden.
Wir bitten dich
um wachsendes Verständnis füreinander,
um aufrichtigen Respekt voreinander,
um anhaltende Zuneigung zueinander.

Du willst haben,
daß eins dem andern den Weg zeige zu dir.
Laß uns lernen voneinander,
was uns der Wahrheit näher bringt,
was unseren Glauben reicher macht,
was das Verständnis der verschiedenen
Konfessionen voranbringt.

Komm, Heiliger Geist,
und festige den Bund unseres Lebens
durch das Beispiel der Liebe,
mit der Christus für uns gelebt hat. Amen

Traugebete · Für besondere Fälle

Roser, Zum Leben erlöst · Sonnenweg-Verlag, 7750 Konstanz

Herr, himmlischer Vater,
du hast deine Nähe verheißen.
Wir danken dir,
daß du uns nahe sein willst.
Wir danken dir,
daß wir einander entdeckt haben.

Du vergibst denen,
die bereuen, was sie verschuldet haben.
Wir danken dir für die Gnade der Vergebung
und bitten dich um dein gnädiges Geleit
für den Anfang unseres
gemeinsamen Lebens.

Du gibst denen Kraft,
die dich für ihre Stärke halten.
Wir danken dir für deine Zusage
und bitten dich um die Kraft der Zuversicht,
wenn wir zaghaft werden;
um den Mut zum Vertrauen,
wenn wir ängstlich werden;
um das Wagnis der Versöhnung,
wenn wir uns entzweit haben.

Herr, dir danken wir.
Herr, dich preisen wir.
Erhöre unser gemeinsames Gebet
am Anfang unserer Ehe
und unser Leben lang. Amen

Herr, heiliger Gott,
wir sind schon eine Strecke unseres Weges
als Eheleute gemeinsam gegangen.
Wir möchten nicht weitergehen
ohne deinen Segen.
Wir bitten dich darum.

Wir sind dankbar für die guten Erfahrungen,
die wir gemacht haben.
Wir sind beschämt von deiner Güte.
Rechne uns nicht unsere Gleichgültigkeit auf.
Wir möchten unseren weiteren Weg
gemeinsam gehen unter deinem Geleit.
Wir bitten dich darum.

Herr, du erhörst das Gebet derer,
die zu dir rufen,
erhöre auch unser Gebet. Amen

Traugebete · Für besondere Fälle

Roser, Zum Leben erlöst · Sonnenweg-Verlag, 7750 Konstanz

Großer Gott, gütiger Vater im Himmel,
viele Jahre sind wir unseren Weg
gemeinsam gegangen;
Beglückendes und Schweres
haben wir gemeinsam erlebt;
Verantwortung und Pflichten
haben wir gemeinsam getragen.
Wir danken dir für die Gemeinsamkeit,
die wir hatten. und haben

Großer Gott, Vater Jesu Christi,
dein Sohn hat unserem Leben Erfüllung verheißen.
Viel von dieser Erfüllung haben wir schon erlebt:
im Geschenk der Liebe zueinander;
in der Gnade der Versöhnung miteinander;
im Erlebnis des Einstehens füreinander.
Wir danken dir für die Gemeinsamkeit des Glaubens,
die wir hatten. und haben.

Großer Gott, Heiliger Geist,
du wirkst ein auf uns.
Dir vertrauen wir uns heute aufs neue an.
Dir empfehlen wir, die uns wichtig sind:
unsere Kinder und Enkel,
unsere Freunde und Bekannten.
Hilf zu friedlichen Zeiten.
Segne den Weg, den zu gehen du für uns
vorgesehen hast. Amen

Wir hörn einige Verse aus dem 92. Psalm, gelesen von Kathrin, einer Enkelin unseres Jubilars.

Herr, himmlischer Vater,
nimm den Dank des Jubelpaares entgegen,
das gekommen ist, *Kindern und Kindeskindern*
um mit seinen
~~Kindern, Enkeln,~~ Geschwistern,
Verwandten und Freunden
dir zu danken.

Wir preisen dich, Herr,
denn du hast dieses Paar
in guten und in bösen Tagen begleitet.

Schenke den Ehegatten die Gnade,
auch künftig
in frohen Tagen dich zu loben,
in Trauer bei dir Trost zu finden,
in Not deine Hilfe zu erfahren.

Gewähre ihnen Glück und Gesundheit im Alter,
verleihe ihnen ein weises Herz
und einen starken Glauben.

Vollende sie einst in deiner Herrlichkeit.
Wir bitten dich um Jesu Christi,
unseres Herrn willen. Amen

Traugebete · Für besondere Fälle

Roser, Zum Leben erlöst · Sonnenweg-Verlag, 7750 Konstanz

Allmächtiger Gott,
du hast die Liebe der Menschen zueinander
und die Gemeinschaft der Ehe gestiftet.
Wir danken dir,
daß du es so geordnet hast.

Erneuere in den beiden,
die heute wie einst
am Tage ihrer Hochzeit gekommen sind,
das Vertrauen zu dir
und zueinander.

Gib ihnen täglich neues Verständnis,
Geduld und Güte.
Erhalte sie in der Liebe.
Biete ihnen Halt in
guten und schweren Tagen.
Segne die Zeit,
die du ihnen zugemessen hast.
Bewahre ihre Kinder, Enkel,
Verwandten und Freunde.
Sei in unserer Gemeinde allen nahe,
besonders den Einsamen.
Breite deinen Geist aus
in unseren Familien.
Erhalte und vollende
unsere Gemeinschaft mit dir.
Wir bitten dich im Namen Jesu Christi
in der Kraft des Heiligen Geistes. Amen

Beerdigungsgebete

Roser, Zum Leben erlöst · Sonnenweg-Verlag, 7750 Konstanz

Herr, unser Gott,
nun liegt der Mensch leblos vor uns,
den wir so lieb haben.

Wir hoffen zu dir,
daß du ihn bergen wirst
im Geheimnis deiner ewigen Gegenwart.
Denn Christus ist von den Toten auferstanden.

Wir danken dir
für die Gemeinschaft,
die wir bis zu dieser Stunde
mit dem Verstorbenen hatten.

Wir hoffen zu dir,
daß du ihm vollkommene Gemeinschaft schenkst.
Denn Christus hat ihn in deine Gemeinschaft
gerufen.

Wir bitten dich:
Hilf unserem schwachen Glauben,
daß wir uns führen lassen an deiner Hand
und wissen:
du meinst es gut mit dem,
den du gerufen hast für immer.
Denn du bist barmherzig.
Du meinst es gut mit uns
auch im Schmerz der Trauer,
denn du willst das Leben. Amen

Herr Jesus Christus,
hart trifft uns der Tod dieses Menschen,
dem wir eng verbunden sind.
Schweren Herzens geben wir ihn her.
Bleibe du bei uns,
wenn es in uns dunkel wird vor Trauer.

Bleibe du bei uns,
wenn Erinnerungen in uns wach werden,
und wir uns allein fühlen.

Bleibe du bei uns und hilf uns
zu guten Gedanken,
zu dankbarem Erinnern,
zu aufrichtiger Zuwendung an die,
die uns hier nötig haben. Amen

Herr Jesus Christus,
unsere Familie nimmt Abschied
von einem Menschen,
der uns viel bedeutet.

Dir danken wir für das Gute,
das wir ihm verdanken.
Dir tragen wir vor die Hoffnung,
die ihm gilt.
Dich bitten wir um Vergebung,
die er braucht.

Mache uns frei von der Last
unserer Versäumnisse an ihm. Amen

Beerdigungsgebete · Zur Aussegnung

Roser, Zum Leben erlöst · Sonnenweg-Verlag, 7750 Konstanz

Vater im Himmel,
am Sarg unserer Mutter
kommen uns Gedanken der Trauer und des Dankes.
Wir werden sie sehr vermissen.
Sie hat uns viel gegeben,
das Leben, eine gute Erziehung,
viel Zuneigung und Geborgenheit.
Sie hat uns von dir erzählt,
sie hat uns den Glauben gelehrt.

Wir danken dir für die gute Gemeinschaft,
die wir über viele Jahre hatten.

Wir bitten für unsere Mutter
zu dir, Herr der Welt, Stifter allen Lebens:
Birg sie in deiner ewigen Gemeinschaft
um Jesu Christi, deines Sohnes willen.
Schenke uns Trost in der Kraft
des Heiligen Geistes. Amen

Es segne dich Gott der Vater,
der uns nach seinem Bilde geschaffen hat.

Es segne dich Gott der Sohn,
der uns zu neuen Menschen verändert hat.

Es segne dich Gott der Heilige Geist,
der uns zur Gemeinschaft Gottes in Christus
gesammelt hat.

Der dreieinige Gott,
der deinen Eingang gesegnet hat,
segne deinen Ausgang
in Ewigkeit. Amen

Es segne dich Gott der Vater,
der dich erhalten hat,
daß du in Ewigkeit bleibst.

Es segne dich Gott der Sohn,
der dich gerettet hat,
daß du in Ewigkeit bleibst.

Es segne dich Gott der Heilige Geist,
der dich erleuchtet hat,
daß du in Ewigkeit bleibst.

Der dreieinige Gott,
der dich bisher geleitet hat,
nehme dich auf
in die Gemeinschaft der Seligen,
die dort schauen sollen,
was sie geglaubt haben. Amen

Beerdigungsgebete · Zur Aussegnung

Roser, Zum Leben erlöst · Sonnenweg-Verlag, 7750 Konstanz

Herr Gott,
du mißt uns die Zeit unseres Lebens zu;
du bestimmst Beginn und Ende.
Sorge dafür, daß wir dich
als unseren Herrn erkennen.

Sorge vor allem dafür,
daß wir die Hoffnung annehmen,
die uns Jesus Christus anbietet,
damit wir zuversichtlich bleiben,
auch am Sarge eines lieben Menschen,
an dem wir hängen,
damit wir umsichtig unseren Weg gehen. Amen

Allmächtiger Gott, barmherziger Vater,
du bestimmst Anfang und Ende unseres Lebens:
mache uns in dieser Stunde erneut bewußt,
daß du auch unser Leben in Händen hältst,
damit wir Zeit und Ewigkeit bedenken
und auf sie hin leben. Amen

Ob wir alt werden oder jung sterben –
du lenkst unser Leben,
allmächtiger Herr!

Wir haben Kraft oder sind schwach –
du willst uns begleiten,
barmherziger Herr!

Wir sind einsam oder haben viele Freunde –
du willst uns begegnen,
auferstandener Herr!

Im Leben und im Sterben,
bei der Arbeit und zur
Zeit der Ruhe,
in gesunden oder kranken Tagen,
im Lärm und in der Stille,
in der Kirche und im Alltag
rufst du uns an.

Wir bitten dich:
Öffne uns die Ohren,
daß wir dich hören!
Schließ uns auf für dich,
solange es nicht zu spät ist. Amen

Beerdigungsgebete · Zum Eingang

Roser, Zum Leben erlöst · Sonnenweg-Verlag, 7750 Konstanz

Gott, allmächtiger Herr,
barmherziger Vater!
Du bist unsere letzte Hoffnung.
Hilf uns,
daß auch dieses Sterben
uns zum Anlaß wird,
uns dir von neuem zuzuwenden.

Wir danken dir für das,
was du uns durch den Verstorbenen geschenkt hast.
Vergib uns, was wir an ihm versäumt haben.
Vergib ihm, was er versäumt hat.

Öffne uns für dich und füreinander.
Hilf uns, daß wir die Liebe,
die der Heimgegangene uns erwiesen hat,
weitergeben aneinander.

Wir danken dir,
daß wir ihn jetzt in deiner
segnenden Obhut wissen können.

Wir danken dir,
daß wir alle auf deine ewige Obhut
hoffen dürfen. Amen

Herr Gott, himmlischer Vater,
du stellst uns ins Leben,
du rufst uns heraus.
Du schenkst uns schöne Tage
und bürdest uns schwere auf.

Daß du es bist,
der unser Leben leitet –
das macht uns zuversichtlich.
Denn von dir wissen wir,
daß du unser Bestes willst,
auch wenn wir nicht verstehen,
welche Wege du uns führst.

Wir danken dir.
Durch Jesus Christus hilfst du uns
aus der Zeit in die Ewigkeit.

Wir danken dir für alles Gute,
das du dem Verstorbenen erwiesen hast.
Und für die Kraft,
auch das Schwere zu tragen.

Wir danken dir für alle Liebe,
die du durch ihn
anderen Menschen erwiesen hast.

Wir bitten dich,
mache auch an ihm wahr, was du verheißen hast.
Denn du willst,
daß allen Menschen geholfen werde
zur Ewigkeit. Amen

Beerdigungsgebete · Zum Eingang

Roser, Zum Leben erlöst · Sonnenweg-Verlag, 7750 Konstanz

Herr, himmlischer Herrscher,
laß den Verstorbenen erfahren,
daß du der bist,
der über den Tod hinaus hilft.

Denke an ihn als der,
der du bist:
Barmherzig, gnädig,
vergebungsbereit –
als der,
der über den Tod hinaus hilft.

Gewähre deine Gerechtigkeit,
die retten will und nicht straft,
die heilen will und nicht verletzt,
die Gemeinschaft stiftet und nicht trennt:
Gewähre sie dem Mann,
von dem wir jetzt Abschied nehmen,
seiner Frau, seinen Kindern und Nachbarn.
Gewähre sie uns allen.

Erneuere unsere Gedanken.
Gib uns eine neue Richtung:
die Richtung zu dir!
Stärke unseren Willen zu helfen
und laß uns das Ziel unseres Lebens bedenken! Amen

Herr Gott, himmlischer Vater,
du hast der wir hier
das letzte Geleit geben,
ein langes Leben in unserer Mitte
geschenkt.
Sie war gesund, voller Humor,
arbeitsam.
Wir danken dir für das Gute,
das sie ausrichten konnte.

Wir bitten dich,
sei ihr ein gnädiger Richter,
vergib ihr, was sie dir schuldig
geblieben ist, und vergib uns,
was wir ihr schuldig geblieben sind.

Nimm dich derer an,
die mit ihr gelebt haben
und die darunter leiden,
daß sie sie hier nicht mehr
um sich haben!

Tröste sie so,
daß sie an die Auferstehung
deines Sohnes vertrauensvoll glauben.

Lasse auch dieses Sterben
uns zum Anlaß werden,
unser eigenes Ende zu bedenken,
uns auf dich zu besinnen,
uns in das Licht deiner
Auferstehung zu stellen. Amen

Beerdigungsgebete · Zum Eingang

Roser, Zum Leben erlöst · Sonnenweg-Verlag, 7750 Konstanz

Herr Gott,
Vater Jesu Christi,
durch deinen Sohn wissen wir,
daß du zu unserem Besten tust,
was wir nicht fertig bringen:
Jesus Christus hat den Tod entmachtet
und uns den Zugang zu deiner
Ewigkeit geöffnet.

Daran denken wir
im Schmerz der Trennung,
in der Trauer des Abschiedes
von einem Menschen,
mit dem wir lange leben durften.

Mache an uns wahr,
was deine Gemeinde stets erfahren hat:
Du sorgst für uns,
und wir können stille sein. Amen

89, 1-3

Herr Gott, allmächtiger Vater,
ein langes Leben hast du beendet.
Wir hoffen zu dir,
daß du es vollenden wirst.

Viel bleibt zurück,
das nicht abgeschlossen ist.
Die Lücke ist groß,
die dieses erfüllte Leben hinterläßt.

Wir vertrauen auf dich,
auferstandener Christus.
Erweise dich als gegenwärtiger Herr,
dem wir glauben können
im Leben und im Sterben,
wenn wir allein sind,
wenn uns Leiden zu schaffen machen,
wenn uns Menschen zu tragen geben.

Erweise dich als Herr auch unseres Gedenkens:
daß wir das Gute bewahren,
und Ungutes vergessen;
daß wir Beispielhaftes befolgen und
aus Erfahrung lernen.

Vor allem aber:
Entfalte den Glauben an deine
todüberwindende Macht unter uns und in uns
durch die Kraft deines Heiligen Geistes. Amen

Beerdigungsgebete · Zum Eingang

Roser, Zum Leben erlöst · Sonnenweg-Verlag, 7750 Konstanz

Herr Gott, Schöpfer des Lebens,
du hast uns dazu bestimmt,
daß wir sterben wie alle Geschöpfe auf Erden.
Du bist ewig.
Wir sind zeitlich.
Du bist ohne Grenzen,
wir nehmen einen Anfang
und haben ein Ende.

Herr Gott, Vater Jesu Christi,
du hast uns dazu bestimmt,
daß wir Gemeinschaft haben
mit dir über den Tod hinaus.
Du bist ewig.
Du willst, daß wir ewig bleiben
im Geheimnis der Gemeinschaft mit dir.

Wir danken dir
für die Schönheit und Größe
unserer Geschöpflichkeit.

Wir danken dir
für die Gnade und Erfahrung der Hoffnung
um Jesu Christi willen.

Wir bitten dich um deinen Geist,
damit wir die Kraft finden,
zu leben aus Hoffnung
mitten in der Vergänglichkeit
dieser Welt,
denn du bist größer
und deine Ewigkeit nimmt kein Ende. Amen

Lieber Vater im Himmel,
wiedereinmal haben wir den Tod
und das Leid erfahren.
Wir halten Rückschau in Dankbarkeit
auf das Leben eines lieben Menschen –
wir sehen das Grab,
wir schauen auf zum Kreuz Christi.
Das gibt uns Hoffnung:
für den Verstorbenen,
daß du ihn gnädig annimmst;
für uns selbst,
daß du unserem Leben einen Sinn
und ein Ziel gibst.
Festige unseren Glauben
an die Erlösungs- und
Auferstehungstat Jesu Christi.
Festige den Glauben derer,
die durch Unglück und Katastrophen
schwer getroffen sind.
Erweise dich den Zweifelnden
und Fragenden als der Gott,
der ewiges Leben schenkt. Amen

Beerdigungsgebete · Zum Schluß

Roser, Zum Leben erlöst · Sonnenweg-Verlag, 7750 Konstanz

Herr Gott,
der Tod setzt uns eine Grenze,
die wir nicht überwinden können.
Vor ihr wissen wir nicht mehr weiter.

Aber wir vertrauen auf dich.
Du hast deinen Sohn
zu einem neuen Leben verwandelt,
das er in die Welt gebracht hat.
Wer glaubt und getauft ist,
wird daran teilhaben.

Halte den Verstorbenen
fest in der ewigen Gemeinschaft mit dir.
Füge uns in sie immer fester ein.
Wir danken dir,
wo du durch den Verstorbenen
Gutes gewirkt hast.

Wir bitten um Vergebung,
wo er an anderen gefehlt
oder wir an ihm
etwas versäumt haben.

Laß uns bedenken, Herr,
daß wir sterben müssen,
damit wir klug werden. Amen

89, 5+6

Herr, allmächtiger Gott,
laß uns nicht für immer versinken im Grab,
wandle den Verstorbenen zu neuem Leben,
wecke auch uns zur Gemeinschaft mit dir.

Wir wissen, wie unvollkommen wir sind.
Du kennst unsere Mängel noch genauer.
Durch Christus wissen wir aber auch
von deiner Barmherzigkeit.
Laß den Verstorbenen Gnade erfahren.
Verweigere uns nicht deine
Vergebung.

Du hast deine neue Gemeinschaft mit uns
begonnen am Taufstein
und in der Gemeinschaft um deinen Tisch.
Setze sie fort und vollende sie –
an dem Verstorbenen und einst auch an uns.

Wir danken dir,
dem Schöpfer, Retter und ewigen
Erhalter unseres Lebens. Amen

Roser, Zum Leben erlöst · Sonnenweg-Verlag, 7750 Konstanz

Herr Jesus Christus,
du bist ein Mensch wie wir.
Um die Weihnachtszeit gedenken wir
deiner Menschlichkeit.
Sie gibt uns Hoffnung.
Wir sind nicht verloren.

Herr Jesus Christus,
du bist Mensch um unsretwillen.
An Weihnachten gedenken wir
deiner Menschwerdung.
Du bietest uns eine neue Gemeinschaft.
Wir sind nicht verloren.

Herr Jesus Christus,
du bist der neue Mensch
nach Gottes Willen.
An Weihnachten gedenken wir
deiner göttlichen Sendung.
Du führst zu Gott.
Wir sind nicht verloren.

Hilf, daß wir uns nicht
an die Trauer verlieren
und nicht an das Leid.
Hilf, daß wir Trost finden
beim Schmerz über den Tod
in deiner Menschwerdung,
in deiner Menschlichkeit,
in deiner göttlichen Sendung. Amen

Herr der Tage und der Jahre,
Herr der Welten überall:
Die Zeit steht in deinen Händen –
die Zeit des Verstorbenen
und auch unsere Zeit.

Wir hoffen zu dir,
daß mit dem neuen Jahr,
zu dessen Beginn du ihn abgerufen hast,
das vollendete Gnadenjahr für ihn
in deiner Ewigkeit angefangen hat.

Wir bitten dich,
laß dieses Jahr den Trauernden
zum Jahr deiner Gnade werden,
daß sie fassen und festhalten,
was du anbietest.

Herr der Tage und der Jahre,
Herr der Welten überall:
Bleibe unser Herr,
Herr unserer Zeit
in der Welt und in Ewigkeit. Amen

Beerdigungsgebete · Im Kirchenjahr

Roser, Zum Leben erlöst · Sonnenweg-Verlag, 7750 Konstanz

Herr, allmächtiger Gott,
wir schauen auf zu dir.
Wir rufen zu dir.
Erhöre uns!
Laß uns deine Nähe spüren!

Du allein kannst dem Verstorbenen
heraushelfen zum ewigen Leben.
Du allein kannst den Hinterbliebenen
heraushelfen zur Hoffnung und zum Trost.

An der Wende des Jahres
hoffen wir zu dir,
daß du das Leben des Verstorbenen
vollendest in ewiger Seligkeit.

An der Wende des Jahres
bitten wir dich:
Wende uns hin zu dir.
Laß es ein Jahr des Segens werden.
Des Segens auch der Trauer. Amen

Herr Gott, allmächtiger Schöpfer:
Dunkel wäre es um uns herum
und finster in unserem Innern
am Tage der Trauer,
hätte nicht Jesus Christus
dein Licht in die Welt gebracht.

Die Finsternis vergeht,
jetzt wird es hell,
sagt uns die Epiphaniaszeit.
Jetzt wird es hell.
Wir haben Hoffnung.
Auf Jesus setzen wir unsere Hoffnung.

Jetzt wird es hell.
Wir trauern zwar,
aber wir trauern als Hoffende:
Du willst das Leben nicht enden lassen,
das unter uns beendet ist.
Du willst hell werden lassen,
wo Finsternis sich ausgebreitet hat.

Wir danken dir für die gute Erinnerung,
die Angehörige, Freunde und Verwandte
an den Verstorbenen haben.

Wir bitten dich um deine vergebende Güte
dort, wo er unrecht getan hat
und dort, wo ihm unrecht geschehen ist
und an denen, die an ihm etwas versäumt haben.

Wir hoffen auf deine seligmachende Gnade. Amen

Beerdigungsgebete · Im Kirchenjahr

Roser, Zum Leben erlöst · Sonnenweg-Verlag, 7750 Konstanz

Herr Gott, himmlischer Vater,
der Schmerz sticht uns ins Herz,
und die Trauer schnürt uns den Atem ab.

Und dennoch danken wir dir.
Nimm auch unsere Klage an als Dank
der Wertschätzung, der Achtung und der Liebe.

Du hast durch den plötzlichen und
doch geahnten Tod eine quälende Trennung bewirkt.
Laß es nicht das Ende sein,
sondern laß daraus eine neue Gemeinschaft
des Glaubens und der Hoffnung erwachsen,
damit die Trauernden im Glauben dich
erkennen, die Gemeinschaft mit dir finden.

Wir vertrauen der Verheißung,
daß der Herr bei seiner Gemeinde ist,
und seine Herrlichkeit über ihr erscheint.

Wir wissen von Jesus Christus,
darum haben wir Zuversicht –
auch im Angesicht des Todes.

Wir wollen an Jesus Christus glauben,
darum bitten wir dich, himmlischer Vater,
begleite uns,
vor allem, wenn wir uns verlassen fühlen.

Wir hoffen auf Jesus Christus,
den Auferstandenen,
und sehnen die Kraft deines Heiligen Geistes
herbei in unsere ausgehungerten Herzen. Amen

Herr, wir wissen,
unser Sterben ist ein natürlicher Vorgang,
aber wir glauben zugleich,
daß unser Tod
der Anfang neuen Lebens ist,
dank deines lebenschaffenden Wortes.
Das gibt uns Zuversicht.

Wir danken dir
für alles Glück und für alle Freude,
für alle gute Gemeinschaft
und für alle Aufmerksamkeit,
die du dem Verstorbenen
hast erfahren lassen.

Vor allem für die Erfahrungen des Glaubens,
für allen Trost, allen Zuspruch,
alle Stärkung des Glaubens
danken wir dir,
der dem Verstorbenen zuging
und der von ihm ausging.

Wir danken dir für die Hoffnung,
die von der Erscheinung deines
Sohnes Jesus Christus
nach seinem Sterben ausgeht.

Seine Geburt, die Offenbarung seiner
Herrlichkeit, sein Leiden, Sterben
und Auferstehen,
und die Erscheinung seiner Gegenwart
sollen unseren Glauben festigen.
Laß unseren Glauben wachsen. Amen

Beerdigungsgebete · Im Kirchenjahr

Roser, Zum Leben erlöst · Sonnenweg-Verlag, 7750 Konstanz

Herr Gott, du bist es,
der uns Menschen ins Leben eintreten läßt
und uns wieder herausruft.

Wir danken dir
am Sarge auch dieses Menschen,
daß du uns nicht allein läßt:

Du bist in deinem Sohn
neben uns getreten –
armselig und geplagt,
schwach und gedemütigt,
ein Mensch wie wir.

Lenke unsere Aufmerksamkeit auf Jesus
in den Wochen der Passionszeit.
Nimm uns die Ängstlichkeit
und die Besorgnis,
die uns oft überkommen,
sobald wir an Leid und Tod denken.

Wir sind nicht allein,
du läßt uns nicht allein.

Dein leidender Sohn begleitet uns.
Der auferstandene Herr ist um uns. Amen

Allmächtiger Gott!
Jesus Christus, ein Mensch wie wir,
hat gelitten, wie Menschen nur leiden können –
ohne alle Schuld.

Allmächtiger Gott,
Jesus Christus, ein Mensch nach deinem Willen
hat gelitten, wie Menschen nie leiden können –
ohne alle Sünde.

Allmächtiger Gott,
an Jesus Christus denken wir,
wenn wir Leid erleben,
wenn uns Kummer preßt,
wenn Zweifel an uns fressen.

Allmächtiger Gott,
auf Jesus Christus hoffen wir
im Leiden und im Sterben.
In diesen Tagen des Gedächtnisses
an sein Leiden und Sterben besonders.
Wir hoffen,
weil seine Auferstehung uns Hoffnung gibt. Amen

Beerdigungsgebete · Im Kirchenjahr

Roser, Zum Leben erlöst · Sonnenweg-Verlag, 7750 Konstanz

Auferstandener Herr, laß uns nicht allein!
Gib dich uns zu erkennen! Wecke in uns Glauben –
Glauben, der weiterhilft, Glauben, der zurechtrückt,
Glauben, der die Ewigkeit Gottes erkennt
und die Zeit durchwirkt, die uns zugemessen ist.
Hilf, daß wir den Sinn deines Leidens erkennen,
damit wir fähig werden, Leid zu tragen –
eigenes und fremdes in deiner Nachfolge. Amen

Herr, hilf denen, die trauern,
daß sie die Dankbarkeit größer schreiben,
als den Kummer,
daß sie die Hoffnung deutlicher fühlen,
als den Schmerz,
daß sie dem guten Beispiel folgen
und das Ungute vergessen,
daß sie unser Sterben im Geheimnis deiner
österlichen Erscheinung sehen
und nicht in der finsteren Leblosigkeit
der Gräber, die wir schaufeln.

Herr, hilf,
daß uns allen die Stunde des Begräbnisses
zur Stunde der Besinnung wird auf unser eigenes Ende
hier auf Erden.

Herr über Leben und Tod,
wir danken für die Gewißheit
deiner verborgenen Gegenwart. Amen

Herr, allmächtiger Gott,
Vater des auferstandenen Christus,
wir leben aus der österlichen Hoffnung,
daß du unser Leben neu schaffen wirst
als Leben bei dir.
Kräftige diese Hoffnung zur Gewißheit,
wenn uns Zweifel überkommen.

Wir danken dir,
daß du den Verstorbenen mit Menschen
umgeben hast,
die sich seiner annahmen.

Wir bitten dich,
vergelte ihnen allen treuen Einsatz.

Wir bitten dich,
verwandle den Verstorbenen
zu einem neuen heilen Menschen,
indem du ihn aufnimmst
in deine ewige Heilsgemeinschaft. Amen

Beerdigungsgebete · Im Kirchenjahr

Roser, Zum Leben erlöst · Sonnenweg-Verlag, 7750 Konstanz

Herr Jesus Christus,
du bist vom Grabe auferstanden,
du bist denen, die an dich glaubten,
erschienen,
du hast Hoffnung in die Welt gebracht,
du hast eine neue Gesinnung ausgelöst.

Wir danken dir,
daß durch dich
und deinetwegen
nicht alles beim alten bleibt,
sondern alles neu wird.

Wir danken dir,
daß wir das Angebot des
österlichen Glaubens haben.

Wir danken dir für alle Menschen,
die in diesem Glauben leben.

Wir bitten dich:
Bringe diesen Glauben in uns zur Reife!
Laß die Ahnung von deiner Ewigkeit
nicht verkümmern!
Erwecke selbst aus unseren Zweifeln
neue Gewißheit!

Vollende uns.
denn du hast deinen Sohn vollendet. Amen

Herr,
du hast aus dem Tal der Trauer
einen Hügel der Hoffnung gemacht.

Wo das Gras welkt,
kann nun die Zuversicht grünen.

Wo alles verdirbt,
erweckt deine Erscheinung
ein neues Leben,
ein anderes Leben, das ewige Leben.

Du stehst vor uns
und sagst,
wenn wir sterben:
Stehe auf!

Lehre uns bedenken,
daß wir sterben müssen,
damit wir leben!

Lehre uns danken,
daß du bist,
damit wir bei dir leben! Amen

Beerdigungsgebete · Im Kirchenjahr

Roser, Zum Leben erlöst · Sonnenweg-Verlag, 7750 Konstanz

Herr Gott, himmlischer Vater,
an Jesus Christus erleben wir:
Du bist treu.
Du achtest auf uns.
Du kümmerst dich um uns.
Du hältst uns fest.
Dazu ist Christus auferstanden
und seiner Gemeinde erschienen.
Dein Heiliger Geist wirkt in uns und um uns herum.

Wir danken dir für diese Gewißheit.
Wecke sie auch in uns.
Stärke unseren Glauben.
Mache uns zuversichtlich
in diesem Leben.
Entfalte in uns die Hoffnung,
die über den Tod hinausreicht.

Wir gedenken des Verstorbenen.
Wir danken dir für alles Gute,
das er uns getan hat.
Dich bitten wir um Vergebung für
alle Versäumnisse,
die er sich zuschulden kommen ließ.
Vor allem aber bitten wir dich um
Vergebung für das,
was wir an ihm versäumt haben.
Erweise deine Treue, Herr,
gerade an unserer Untreue.

Öffne unsere Gedanken
für dich und unsere Zukunft bei dir!
Erhalte unseren Glauben. Amen

Beerdigungsgebete · Im Kirchenjahr

Herr Gott, wir stehen ratlos vor dir,
voller Leid und Trauer.
Dennoch danken wir dir.
Denn wir können zu dir kommen. –

Du willst uns nicht allein lassen.
Du umgibst uns mit Menschen,
die uns tragen helfen.
Du bist in die Welt gekommen,
damit wir erkennen:
Gott will unser Partner sein.
Du sendest deinen Heiligen Geist,
damit wir nicht uns Menschen ausgeliefert sind,
sondern deine Gegenwart erfahren.
Wir danken dir, Herr Gott!
Und wir bitten dich:
Gib uns die Gewißheit,
daß du nicht ein Gott des Leides,
sondern der Liebe bist;
daß du nicht ein Gott der Schmerzen,
sondern der Seligkeit bist;
daß du nicht ein Gott des Todes,
sondern des Lebens bist.
Hilf, daß wir auch im Leid deine Liebe erleben,
um Liebe zu üben aneinander
und füreinander. Amen

Beerdigungsgebete · Im Kirchenjahr

Roser, Zum Leben erlöst · Sonnenweg-Verlag, 7750 Konstanz

Herr, hilf uns zu guten Gedanken der Dankbarkeit
in den Zeiten der Trauer um einen Menschen,
der für unser Leben unersetzbar ist.
Du willst Liebe.

Herr, hilf uns zu guten Gedanken der Hoffnung
am Grabe eines Menschen,
der nun der Erde übergeben wird:
Du willst Leben.

Herr, hilf uns zu guten Gedanken des Trostes,
wenn es einsam wird um uns:
Du willst Gemeinschaft.

Herr, hilf uns zu guten Gedanken des Glaubens,
wenn Zweifel uns zu schaffen machen:
Du hast deinen Geist versprochen,
den Geist der Liebe, des Lebens,
der Gemeinschaft, des Glaubens. Amen

Herr Gott, du hast zugesagt,
deiner Gemeinde eine Zukunft zu schaffen
und ihr Hoffnung zu geben:

Wir danken dir,
daß wir uns auf dich verlassen können.

Wir bitten dich für den Verstorbenen:
eröffne ihm die ewige Zukunft bei dir!
Nimm ihn auf in deine Gemeinschaft!

Und wir bitten dich
für die Angehörigen,
die er hinterläßt.
Gib ihnen die gläubige Gewißheit,
daß du wahr machst, was in deinem
Wort versprochen wird.

Wir bitten dich für uns,
daß wir die Hoffnung nicht verlieren,
die du uns anvertraut hast.

Damit Jesu Auferstehung seine
Wirkung tue an uns allen. Amen

Beerdigungsgebete · Im Kirchenjahr

Roser, Zum Leben erlöst · Sonnenweg-Verlag, 7750 Konstanz

Herr Gott,
Herr über Leben und Tod,
Herr der Lebenden und der Gestorbenen,
du hast dieses Leben lange dauern lassen unter uns,
du hast den Wunsch der Verstorbenen erfüllt
und ihr ein schnelles Ende
in Frieden bereitet;
du hast sie in der Nähe ihrer Angehörigen
und ihre Verwandten in ihrer Nähe gehalten,
du hast ihr die Gnade geschenkt,
hinzunehmen, was sie nicht ändern konnte,
dazusein, wo sie gebraucht wurde,
wach und frisch zu sein, solange ihr Atem ging.

Das alles ist uns Grund,
dir zu danken.
Für deine Treue,
für deine Nähe,
für deine Güte.

Wir danken dir,
daß deine Zeit länger währt als unsere Zeit.

Wir danken dir,
daß du unsere Zeit einfließen läßt
in deine Ewigkeit,
die keinen Anfang hat
und kein Ende nimmt:
Du, ewiger Gott,
der sich uns mitteilt
in Jesus Christus. Amen

Herr, wir danken dir,
daß du dem Verstorbenen
die Ausdauer gegeben hast,
sein Leiden geduldig zu tragen,
die Kraft, freundlich zu sein gegen jedermann,
bereit zur Hilfe für die Gemeinschaft,
in der er lebte.

Wir hoffen zu dir,
daß du den Verstorbenen
geborgen hast in der Gnade,
die allen, die an Jesus glauben,
das ewige Leben schenkt.

Wir bitten dich, tröste alle,
die den Verstorbenen vermissen.

Erinnere uns alle daran,
daß keiner von uns weiß,
wann du ihn aus diesem Leben
abrufen wirst. Amen

Beerdigungsgebete · Für besondere Fälle

Roser, Zum Leben erlöst · Sonnenweg-Verlag, 7750 Konstanz

Allmächtiger Gott,
barmherziger Vater!
Am Sarge eines Menschen,
der viele Jahre schwer krank war,
bitten wir dich:

Laß uns erkennen,
wie kostbar das Gut der Gesundheit ist.
Damit wir dankbar werden!
Damit wir bewußt leben!
Damit wir lernen, dieses Gut zu pflegen!

Wir bitten dich für den Verstorbenen:
Erweise auch an ihm deine Treue!
Laß ihn deine Barmherzigkeit erfahren!
Zeige ihm, daß du verläßlich und barmherzig bist!
Nimm ihn auf in deine Ewigkeit!
Gleiche aus, was ihm hier gefehlt hat,
heile, was hier krank war,
vollende, was hier unvollkommen gewesen ist.

Laß unser Leiden hier
seinen Sinn finden
in deiner Ewigkeit! Amen

Herr, auferstandener Christus,
wir danken dir
für deine Überwindung des Todes,
das gibt uns Hoffnung auf Leben
in der Gemeinschaft mit dir.

Du holst uns aus dem Dunkel dieser Welt
in das strahlende Licht deiner Gegenwart.

Wir dürfen schauen,
was uns bisher
wie hinter einem Vorhang verborgen war.

Wir werden sehen,
was wir bisher nur ahnen konnten.

Du bist unsere große Hoffnung
im Leben und im Sterben.

Wir bitten dich
für den Vollendeten,
daß er herausfindet aus dem Dunkel
seiner Blindheit und die leuchtende
Helligkeit der Gemeinschaft mit dir erlebt.

Mache uns alle empfindsam für das Dunkel
unseres Lebens, unserer Umgebung,
unseres Denkens.
Laß die Sehnsucht in uns wachsen
nach dem Licht der Gemeinschaft mit dir. Amen

Beerdigungsgebete · Für besondere Fälle

Roser, Zum Leben erlöst · Sonnenweg-Verlag, 7750 Konstanz

Allmächtiger Gott,
Herr über Leben und Tod,
wir finden keine Antwort auf die Frage,
warum Leid und Krankheit in dieser Welt sind.
Wir können dich nur bitten,
gib denen, die daran zu tragen haben,
die Kraft, damit fertig zu werden.
Wecke in uns den Glauben,
daß du unser Bestes willst
und uns in deiner Gemeinschaft
vollenden wirst.

Wir verlassen uns auf dich,
auferstandener Jesus Christus,
daß du dich denen besonders zuwendest,
die mühselig und beladen sind.
Wir hoffen auf den Heiligen Geist,
daß er uns erfülle
in der Gemeinschaft mit dem Herrn
und untereinander. Amen

Herr, wir stehen am Sarge eines Kindes.
Nur kurz hat es gelebt unter uns.
Unser Kind – es herzugeben, wird uns schwer.
Unser Kind – nicht zu erleben,
wie es sich entfaltet, wird uns schwer.
Unser Kind – sinnlos erscheint uns sein Tod.

Wir danken dir
für die Freude, die wir erlebten.
Wir danken dir
für die Hoffnung, die wir hatten.

Wir bitten dich
um Trost, wenn wir trauern,
um gute Gedanken, wenn wir zweifeln,
um Licht in unseren Herzen,
wenn arge Gedanken uns plagen.

Herr, du kannst auch das Leben entfalten,
das noch nicht voll entwickelt war.
Und du kannst Erfüllung schenken,
wo alles unvollkommen ist.
Du kannst bergen bei dir,
was uns wie verloren vorkommt.

Wir danken dir für das Wort
der Liebe Jesu zu den Kindern:
Laßt die Kindlein zu mir kommen.
Und für das Wort, in dem Jesus
den Kindern Seligkeit verheißen hat. Amen

Beerdigungsgebete · Für besondere Fälle

Roser, Zum Leben erlöst · Sonnenweg-Verlag, 7750 Konstanz

Herr Gott, himmlischer Vater,
wir danken dir dafür,
daß du immer wieder Menschen bereit machst,
im Geiste deines Sohnes Jesu Christi
dazusein für andere.

Wir danken dir für das Wissen,
das du durch den Lehrer,
den wir heute beerdigen,
den Kindern vermittelt hast,
die ihm anvertraut waren.
Wir bitten dich,
vergib uns, wo wir unseren Dank
nicht sichtbar gemacht haben
und sieh ihm nach,
wo er nicht nach deinem Willen
gehandelt hat.
Wir bitten dich,
laß ihn schauen,
woran er geglaubt hat,
nimm ihn auf in die ewige Gemeinschaft
deines Sohnes,
unseres großen Lehrers,
unseres Hirten,
unseres Heilands.

Sei um die, die sich durch
die Trennung vom Verstorbenen
allein und einsam fühlen. Amen

Herr Gott, du hast wieder ein Leben beendet.
Wir hoffen zu dir:
Führe die Verstorbene in dein ewiges Licht,
daß sie deine Gnade schaue.

Herr Gott, du hast der Verstorbenen
viele Erfahrungen der Freundschaft geschenkt
und sie gute Dienste tun lassen,
vor allem in deiner Gemeinde.
Wir hoffen zu dir:
Laß sie nun die Erfahrung
deiner Begegnung machen,
daß sie deine Gnade schaue.

Herr Gott, nimm unseren Dank an
für das Gute, das die Verstorbene
an den Menschen getan hat.
Mache an ihr wahr,
daß du das Gute vergiltst
und die Schuld vergibst,
daß sie deine Gnade schaue. Amen

Roser, Zum Leben erlöst · Sonnenweg-Verlag, 7750 Konstanz

Herr, du hast einen Menschen aus dem Leben abgerufen,
den du als Kirchner in besonderer Weise
in deinen Dienst genommen hattest.
Wir danken dir,
daß du uns Menschen brauchen kannst.
Wir danken dir für das,
was du durch den Verstorbenen
in unserer Gemeinde, unter uns,
an Gutem gewirkt hast.
Wir bitten dich:
laß uns am Beispiel seines Auftrages
unsere eigene Verantwortung erneut erkennen.

Wir bitten dich:
laß den Verstorbenen schauen,
was du auch durch sein Handeln
in der Kirche vorbereitet hast.

Wir bitten dich:
halte ihn geborgen in deiner Ewigkeit.
Hilf, daß wir das Ziel unseres Lebens
im Auge behalten, deine Ewigkeit.

Sorge dafür, daß wir unser Ende bedenken
und auf dich hoffen!

Hilf, daß wir aufeinander achten,
damit eins das andere dir zuführe. Amen

Allmächtiger, ewiger Gott,
du Herr über Lebende und Tote.
Wir empfehlen dir unseren Bruder, Pfarrer ...,
den du aus dieser Welt abgerufen hast.

Wir danken dir für alles,
was du an ihm getan hast.
Du hast ihn zum Glauben gerufen
und in das geistliche Amt geführt.

Wir danken dir für die Kraft, dein Wort weiterzusagen
und mit seinen Gaben zu dienen.
Wir danken dir für die Treue,
die du ihm gehalten hast, auch wenn es
ihm schwer wurde, sein Amt auszurichten.
Wir danken dir für die Freude,
die dein Diener in seinem geistlichen Beruf erlebte.
Wir danken dir für den Segen,
den er empfangen hat und weitergeben durfte –
in der Predigt, am Altar,
als Lehrer und in der Seelsorge.

Herr, rüste uns für unser Leben und Sterben.
Sende Menschen, die trösten, wo der Kummer herrscht;
die den Weg weisen, wo man in die Irre geht;
die den anderen suchen, wo man sich aus dem Wege geht.

Gib allen, die trauern, ein starkes Herz.
Laß uns Zuversicht gewinnen
durch die Auferstehung Christi von den Toten. Amen

Beerdigungsgebete · Für besondere Fälle

Roser, Zum Leben erlöst · Sonnenweg-Verlag, 7750 Konstanz

Herr Christe,
du bist an Ostern von den Toten auferstanden.

Wir geleiten einen Mann zu Grabe,
der sich in seinem Leben vor allem
den öffentlichen Angelegenheiten zugewandt hat.
Wir danken dir dafür,
daß sich immer wieder Menschen finden,
die sich Mühe geben,
unser Zusammenleben zu regeln.
Wir bitten dich,
bewahre dem Verstorbenen ein gutes Gedenken.
Dort, wo ihn Meinungsverschiedenheiten
von anderen trennten,
die sich mühten um das öffentliche Wohl wie er,
hilf uns die Unterschiede zu vergessen
und das Beispielhafte zu bewahren.
Laß seinen Tod uns zum Anlaß werden,
über unser Leben hier und in Ewigkeit nachzudenken.

Wir bitten dich für die Familie des Verstorbenen:
Bewahre sie vor Vereinsamung.
Erhalte ihr treue Freunde.
Stärke ihren Glauben.

Mache uns alle gewiß,
daß diejenigen, die dir gläubig folgen,
bleiben werden über den Tod hinaus.

Herr Christe, du lebst und regierst in Ewigkeit. Amen

Herr, allmächtiger Gott,
der schwere Unfalltod,
den unser Bruder erlitten hat,
bedrückt uns alle schwer.
Wir können keinen Sinn sehen
in dem, was da geschehen ist.

Wir bitten dich,
schütze uns davor, zu meinen,
der Zufall sei da am Werke.
Dein guter Wille wirkt auch dort,
wo wir nichts mehr verstehen.

Wir bitten dich,
hilf uns einzusehen,
daß unseren menschlichen Möglichkeiten
enge Grenzen gesetzt sind.

Laß uns achthaben auf die Menschen
hinter den Maschinen und Motoren.

Wir bitten dich,
wecke von neuem unser Verantwortungsbewußtsein;
stärke erneut unseren Einfallsreichtum,
damit wir die Möglichkeiten,
die die Technik uns bietet,
beherrschen und verbessern.

Wir bitten dich für die Hinterbliebenen
des Verunglückten:
führe sie heraus aus der Enge des Fragens;
führe ihnen Menschen zu, die ihnen weiterhelfen;
führe du sie weiter, wo sie sich allein fühlen. Amen

Beerdigungsgebete · Für besondere Fälle

Roser, Zum Leben erlöst · Sonnenweg-Verlag, 7750 Konstanz

Himmlischer Vater,
erhalte uns den Glauben an dein väterliches Walten,
auch wenn es uns schwerfällt
angesichts des sinnlosen Unfalls,
den wir beklagen.
Erhalte den Glauben an dein väterliches Walten
vor allem den Angehörigen des Verunglückten,
die der Tod völlig überrascht hat.

Wir vertrauen deiner Barmherzigkeit,
daß du den Mann,
der so plötzlich aus unserer Mitte gerissen wurde,
väterlich bei dir aufnehmen
und ihn vollenden wirst.

Erhalte den Glauben an dein väterliches Walten,
damit wir unsere Tage aus deiner Hand nehmen
und dir zurückgeben als dein anvertrautes Gut,
wenn du uns rufst zu dir. Amen

Allmächtiger Gott,
wir können dich nicht begreifen,
sondern nur erfahren:
Deine Gewalt, deine Macht, deine verborgene Größe
im Reichtum, den du uns schenkst
und in dem Schweren, das du uns aufbürdest.
Wir stehen erschüttert
am Sarge eines jungen Menschen.
Wir sind betroffen davon,
daß in unserer hochentwickelten Welt soviel mißlingt.
Wir sind beschämt,
daß es immer wieder zu schweren Unfällen kommt.
Wir bitten dich,
nimm die gnädig auf,
deren Leben unter uns ausgelöscht ist.
Bewahre uns vor Vorwürfen,
die wir anderen und uns selbst machen könnten.
Ziehe unsere Gedanken zu dir,
damit wir unser Vertrauen auf dich setzen.
Du bist der Herr, erweise dich als unser Herr.
Laß die, die sich härmen, erfahren,
daß du nicht nachträgst, sondern vergibst,
daß du nicht Vorwürfe willst, sondern Nachfolge.
Wir danken dir für das Gute,
das wir an dem Verstorbenen erleben durften.
Wir bitten dich, vergib, was an ihm versäumt wurde
und was er versäumt hat.
Wir hoffen zu dir,
daß du Leben schenkst,
wo wir nur Sterben sehen. Amen

Beerdigungsgebete · Für besondere Fälle

Roser, Zum Leben erlöst · Sonnenweg-Verlag, 7750 Konstanz

Allmächtiger, ewiger Gott,
am Sarge eines Menschen,
der einem schrecklichen Verkehrsunfall
zum Opfer gefallen ist,
sammeln wir unsere Gedanken vor dir.

Wir hoffen zu dir,
daß du auch am Verstorbenen wahr machst,
was du versprochen hast durch Christus,
nämlich barmherzig zu sein.

Wir beten zu dir
für die trauernden Angehörigen,
daß in dieser schweren Erschütterung
Glaube, Vertrauen und Zuversicht
sie von neuem erfüllt.

Wir fragen vor dir,
was wir lernen müssen,
um die Möglichkeiten, die die Technik uns bietet,
so zu nutzen,
daß wir einander helfen können
und nicht schaden müssen.

Wir versprechen vor dir,
daß wir nicht nach Schuld suchen
und keine Vorwürfe machen wollen,
sondern dankbar sein für das Gute
und sorgsam umgehen mit dem,
was uns gegeben ist. Amen

Allmächtiger Gott, Vater Jesu Christi:
Was haben wir, die wir den Verstorbenen kannten,
falsch gemacht, daß er so einsam werden konnte?
Vergib uns, was wir ihm schuldig geblieben sind.

Du bist der einzige,
der durchschaut, was in den Herzen
der Menschen vorgeht.
Bringe uns ab davon,
verkehrt zu grübeln und zu fragen.

Deinem gnädigen Urteil vertrauen wir,
wenn wir an den Verstorbenen denken,
der aus dem Leben geschieden ist.

Du bist der einzige,
der die Kraft zum Leben bis in Ewigkeit stärkt.
Bringe uns ab davon,
aus eigener Kraft das Leben meistern zu wollen.
Dir vertrauen wir uns von neuem an.
Mach uns frei von Selbstvorwürfen.
Mach uns frei zur neuen Aufmerksamkeit füreinander.
Mach uns frei von dem Gedanken,
wir kämen nicht mehr weiter.
Mach uns frei,
indem du uns fest an dich bindest. Amen

Beerdigungsgebete · Für besondere Fälle

Roser, Zum Leben erlöst · Sonnenweg-Verlag, 7750 Konstanz

So wollen wir beten:

Herr Gott, himmlischer Vater, *haben wir uns hie versammi*
betroffen und ratlos stehen wir an diesem Sarg,
beschämt und besorgt.

Wir hoffen auf deine Barmherzigkeit.
Wir bitten um deine Barmherzigkeit.
Wir trösten uns deiner Barmherzigkeit.

Wir denken an Christus.
Wir hören Christus,
der uns zu sich ruft,
damit wir zu dir finden.

Erbarm dich derer,
die dich suchen.
Und rufe zu dir,
die dich hören
oder nicht hören.

Dir danken wir,
daß wir unter deinem Wort
uns versammeln können. Amen